SOLLEMNIA SAECULARIA

FRIDERICI THEOPHILI
KLOPSTOCKII

DIE VI. NOVEMBR. MDCCXXXIX.

IN SCHOLAM PORTENSEM RECEPTI

INDICUNT

RECTOR ET COLLEGIUM

SCHOLAE REGIAE PORTENSIS.

———————

INEST DECLAMATIO,
QUA
POETAS EPOPOEIAE AUCTORES
RECENSET
FRID. GOTTL. KLOPSTOCKIUS χ

SCHOLAE VALEDICTURUS

DIE XXI. SEPTEMBR. MDCCXLV.

ACCEDIT SPECIMEN AUTOGRAPHI KLOPSTOCKIANI.

═══════════════════════════

NUMBURGI

TYPIS DESCRIPSIT C. A. KLAFFENBACHIUS.
MDCCCXXXIX.

Anordnung der Redefeier.

Der zur Säcularfeier der Aufnahme Klopstocks in die hiesige Landesschule veranstaltete Redeactus wird im grofsen Auditorium von halb zehn Uhr an in folgender Ordnung abgehalten:

1. Gesang: Vater Unser, Psalm von Klopstock, componirt von C. F. G. Schwencke.

2. Einleitende Worte zur Feier des Festes und kurzer Lebensabrifs von Klopstock, vorgetragen von dem Primus Portensis *Richard v. Hertzberg* aus Heuckewalde.

3. Recitation Deutscher und Lateinischer Gedichte von Primanern, welche von ihren Verfassern in folgender Ordnung vorgetragen werden:

   a. Prolog zur Feier des Klopstocksfestes — von *Richard Bergmann* aus Sulza.

   b. Klopstock am Morgen vor seiner Aufnahme in Pforta — von *Ludwig Reinhardt* aus Mühlhausen.

   c. Klopstocks Aufnahme — von *Wedig v. Schmeling* aus Stargard.

   d. Klopstock an seinen Freund den Tag nach seiner Aufnahme — von *Ewald v. Rechenberg* aus Liebenwerda.

   e. Des deutschen Knaben Traum — von *Gustav Keller* aus Aschersleben.

   f. Klopstocks Quelle — von *Karl Löwe*, aus Wettin.

   g. Die Berufung des Sängers des Messias — von *Gustav Richter* aus Jessen.

   h. Klopstock und Cramer — von *Karl Vogel* aus Naumburg.

   i. Klopstockii umbra saeculo post eius receptionem elapso Portam revisens, Lateinische Elegie von *Eduard Cauer* aus Berlin.

   k. Klopstock der Erstandene — von *Rudolph Schultze* aus Liegnitz.

l. Klopstockii ùübrs pot. Lat. Elegie glichen In-
halts, von *August Carl* aus Frohndorf.

m. Porta mater ad manes Klopstockii — Lat.
Ode von *Hermann Schiller* aus Frömstedt.

n. Dante und Klopstock, Sonettenkranz — von *Ed-
mund Gläser* aus Berlin.

4. *Festrede,* gehalten vom Prof. *Koberstein.*

5. Gesang: Auferstehn, von Klopstock, compon. von
Graun.

Zur geneigten Theilnahme an dieser Schulfeier beehren
wir uns, die Gönner und Freunde unserer Lehranstalt hoch-
achtungsvoll und ergebenst einzuladen.

Rector Lycei Praecellentissime,
Viri Praenobilissimi, Summe Et Plurimum
Reverendi, Amplissimi, Doctissimi, Patres
Ac Professores Provincialis Scholae
Portensis Longe Celeberrimi
Dexterrimique

Commilitones Aestimatissimi,
Amici Optimi, Exoptatissimi,

Si quicquam ob amplitudinem suam et sublimitatem humano
ingenio dignum est existimandum, si in augustam rerum seriem quicquam mentem introducit atque ibi exspatiatam immortali voluptate perfundit: illud sane praecipua ac princeps naturae imitatrix, poesis, est; sed illa poesis, quae tanquam ceterarum omnium artium regina incedit novoque res ordine ita
componit, ut pulcritudinis ubique naturalis ac perfectionis sum-
mae studiosa creatricis nomine insignienda esse videatur.

Facili igitur negotio omnes mecum, Auditores, intelligitis,
de ea verba iam ad vos fieri poesi, quae tum demum satis a
vobis honoratur, quum vulgarem illam atque humilem, quae in-
iustissime poeseos nomen affectat, despectui habetis; quae terminis circumscribi tunc poterit, si in vastissimo rerum creata-
rum theatro finem ullum mortalis homo invenerit; quae tandem,
qui maximus eius est atque aeternus honor, ab ipso Deo ita
profanis vulgi oculis est subducta et tam sublimi consecrata loco,
ut dignam eam, qua se suamque maiestatem hominibus antea in-
cognitam magna ex parte relevaret, arbitratus fuerit. Non igitur vanam esse poeseos gloriam videtis, si ceteris artibus subli-
mior divinitatis sibi cuiusdam honorem tribuit. Non enim sua
ipsius audacia aut temeritate admirandum hoc gloriae culmen as-
cendit, nec veneratione tantum hominum hoc in fastigio collo-
cata cernitur, sed Deus ipse ita poesin honoravit, ut ponere illam hac in illustri ac divina luce voluerit. Is scilicet, quum
nihil magis, quem creaverat, homini conveniens, nihil quod ex-
cellentiori cum laetitia delectaret illum pariter et moneret esse
aptius, quam poesin, sapientissime videret: saepius hanc divinis
illis vatibus inspiravit, quibus arduum ac sublime negotium de-
derat, ut, remoto velo, se atque adoranda religionis mysteria
hominibus aperirent. Plures igitur et praecipui inter illos viri,
qui Deum et unam eius religionem divinitus humano generi videndam cognoscendamque pleni spiritus sancti numine dederunt,
poesi id duce et comite fecerunt, ac caeleste velum tam ingenti cum pulcritudine eius sub involucris atque inventionibus

proposuerunt, ut convestitum ita ornatumque amabile prorsus hominibus atque exoptandum magnopere redderetur. Ipsi haec omnia dudum, Auditores, perspexistis, quippe qui caelestem divini numinis librum non solum tanquam perennem salutis nostrae fontem consideratis, sed ut perfectissimum etiam styli sublimis vereque divini exemplar admirati, in iis aute omnia huius libri operibus, quae poetica sunt, excelsum dicendi genus magnificentiamque ad Deum ipsum, sancta cum audacia exsurgentem, suspiciendam esse existimatis.

Ita vero Moysem omnes, uti existimo, si quisquam alius, virum caelestissimum novistis. Fuitne ille tunc praesertim venerabilis, cum traiecto per miraculum mari rubro Deum populi sui liberatorem poeta caneret? Audütae illum tunc praecipue universus cum admiratione populus, quum caelo suo magis appropinquans ultima vice coram illo publice adesset, Deique sui benefacta sacro hymno ignisque divini plenissimo repeteret? Immo ipsa futura aeternaque saecula Moysem tanquam poetam in primis venerantur. Verum enim vero caelum erat et felicia eius atria, ubi Ioannes, testis ille revelationum prorsus admirandarum oculatus, propter crystallinum mare novam Moysis cantionem audiebat. Sic qui eum sequuntur sacrarum litterarum scriptores poetae secundum illustre huius exemplum adsurgunt aeseque ingenti prorsus vel pulcritudine vel maiestate admirandos attonitis lectoribus praebent. Sic ingenti quadam et summa laetitia unusquisque adficitur, qui mentem magis sentiendi aptam a Deo nactus amplissimum illum, qui narratione Iobi aperitur, campum ingreditur. Hic uti mille miracula augustamque rerum stupendarum seriem ob oculos ponit, ita is praecipue sacro quodam horrore percelli debet, qui Deum cum Iobo ex tempestate loquentem audiens, tremenda eius vestigia procul mirabundusque adorat. Iobo autem excellentior fere Davides est, qui ut iuvenis caeli genius Deique plenus audacia canit, inaccessumque aliis futurorum saeculorum theatrum multo illustre die contuetor. Hoc in spatio, uti soles inter regnorum suorum sidera magnifice procedunt, suus illi pariter et Dei filius tanquam homines inter pulcerrimus apparet. Hunc magnumque eius patrem caelesti ebrius gaudio canit triumphoque aeternitatis et ipse ovans interest. Dignus tanto patre filius, qui hominibus omnibus ipsisque aetatis suae vatibus sapientior censetur, divinus Salomo, Dei amorem, id est excellentissimum, quod de illius numine cogitare mortalis homo potest, sub casti piique, qui inter homines est, amoris imagine, in sacra sua ecloga tam mirifice tener amabilisque est meditatus, ut dubium sit, blandae naturali pulcritudine et decore, an paterni cantus gravitate et magnificentia Dei gloria magis celebrata fuerit. Iam vero vatum, qui Salomonem sunt secuti, visiones, quae futurarum rerum statum adumbrantes illis fuerunt obiectae, pleraeque omnes poeseos indutae ornataeque habitu apparuerunt., silentio hic praeteream, ut ad eum poeseos honorem, quo maior praestantiorque nullo unquam tempore illi habebitur, eo celerius accedam. Aeternae scilicet restaurator salutis, ipse Dei filius, tam pulcram ad erudiendum in caelesti doctrina populum poesin esse existimavit, ut omnes fere, quae sacro illius ab ore profluxerunt, futurae vitae praeceptiones sapientibus fabulis involutae ab ipso fuerint. Habes igitur, o sancta Poesis, cuius ope magnitudinis gloriaeque perenni splendore radiare et de contemtu humilium insipientiumque hominum triumphare queas. Hac igitur illustrem luce circumfusamque poesin consideretis, Auditores, si studium, quod in illa posui, meum diiudicare recte volueritis. Hoc in loco collocatam suspiciatis, si de veneratione, qua eos prosequor homines, qui artem tam sublimem excoluerunt digne, iustam ferre sententiam animus vobis fuerit. Ex qua ipsa re intelligetis etiam, cur poetae potissimum sint, quorum in laudem verba ad vos facere constituerim. Hos scilicet ob artis suae excellentiam et paene divinitatem dignos semper sum arbitratus, quos magno inter homines studio colerem et venerarer. Sed audite quaeso, Auditores, quam pauci rarique sint, quos ex veri nominis poetis, quorum item meo quidem iudicio non ita magnus est numerus, ut oratione illos celebrem, elegerim. Animus nempe meus, nobili perfectionis desiderio incensus inflammatusque, semper principes poetas, qui nominis sui immortalitate omne post sese aevum compleverunt, oratione celebrandos sibi sumsit. Ii vero ipsi sunt p o e t a e e p o p o e i a e s c r i p t o r e s. Quanta autem huic ipsi carmini, quod praecipue inter omnia poematis nomen per tot saecula obtinuit, pulcritudo et excellentia insit, ut rectius intelligatis honoremque vatum, qui eiusmodi perfecerunt carmen, aestimare ex eo facilius possitis, breviter exponam ea, quae ad describendam huius carminis naturam facere potissimum videbuntur. Prima scilicet illius virtus atque eminentia ex eo elucet, quod illustrem sibi actionem, quae nisi ad universum terrarum orbem, ad multos tamen maximosque eius incolas pertinet, canendam aptisque et admirandis exornandam inventionibus sibi elegit. Qua de re mirum non est, quod, ubi tam ingens atque magnifica materies adfuerit, poeseos pulcritudo omnis in uno quasi et amplissimo theatro comparere debeat. Haud igitur magnificentius superbiusque, quam

res postulat, locuturum me esse existimes, si similia epicum carmen terrae nostrae iudico, caeteraque poemata omnia cum sin-
gulis terrae huius partibus comparo. Terra enim, ubi quam
late patet considerata unoque velut adspecta intuitu fuerit, tum
demum est ob amicam partium omnium congruentiam maxime
admirabilis perfecteque pulcra, cum partes eius in sese spectatae,
quamvis et sua gaudeant praestantia, ingenti tamen intervallo a
toto terrarum orbe excellentia superantur. Qua de re, quamvis nimis audax a quibusdam putetur, mihi iusta tamen videtur
esse comparatio, si poetam epici carminis effectorem caelesti
genio, ceteros vero vates, qui minora meditantur poemata, hominibus pares esse existimem. Is nempe de excelsa coeli sede
uno intuitu omnem terram, oceanum superbius assurgentem,
montes sedis suae verticibus appropinquantes, felicia rura vario
concinnoque ornata decore, simul despicit et cum voluptate
maxima contemplatur: cum homines e contrario aliam post aliam terrae partem eiusque ornamenta, novis semper circumscri-
pti terminis, considerare cogantur. Ecce igitur vobis, Auditores, epici carminis, quam late patet, amplitudinem, maiestatem
perfectionemque! Ecce campum, in quo maxima quaeque et ex-
cellentissima mens exspatiari ingeniique humani divinam paene
vim ostendere potest. Nominabo igitur vobis grandes illos ani-
mos, qui, humilium carminum contemtores, poema creare epicum
ausi fuerunt; cum veneratione illos sed sine laude, (tam mul-
torum enim saeculorum applausus iam ampla satis ipsis laus est)
nominabo.

Quibus igitur non omnis veri honoris extincta prorsus so-
pitaque in pectoribus flamma est, qui, nobili incitati audacia
et aemulatione, procul intueri tanta vestigia aliquando volunt,
avide me et ardenter non mei sed tantorum virorum causa au-
diant; ceteri orationem tantummodo meam silentio amico dignen-
tur. Iam vero quis primas in tam excelso honoris fastigio se-
des tenet? quis et antiquitate et eminentia choro tam caelesti
praesidet? Dicam; sed naturam prius omni sua decoratam ama-
bilemque pulcritudine mentis ante oculos vobis ponite. Ecce
naturam ingens ille poeta tanquam amicissimam sororem tam
tenere amplectitur, ut vates Britannus, quum hunc ipsum utri-
usque amorem olim et ipse Virgilium vidisse diceret, ambo ar-
gute confunderet, simulque exclamaret: Natura erat Homerus,
et Homerus natura! Homerus igitur illud est ingens et dives
ingenium, quod natura adiutrice summam poeseos perfectionem
complectens animo epopoeiam non invenit solum, sed ipsam
etiam secundum pulcerrimum hoc exemplar felicissime confecit.

Haec igitur illa est Homeri excellentia, haec tam multis adhuc poetis inaccessa magnitudo, quam ordine tam longo post eum saecula, vel perspicacissimo quoquam poeseos indice applaudente, venerata sunt. Iusto fortasse magnificentius loqui quibusdam videor, sed illi ipsi sunt, qui nunquam Homerum, uti meretur, id est, perspecta totius operis uno intuitu amplitudine, legerunt. Sic Aristoteles olim, in diiudicanda poesi acutissimus, Homerum legit, sic legat unusquisque illum necesse est, qui omnem eius perspicere pulcritudinem cupit. Totus ille simplex et naturalis maiestas est, nunquam dormitat; lectores inter legendum, cum Poplo loquor,*) somniant. Ille igitur solus postquam imitatus naturam erat, quem Virgilius imitaretur, dignus fuit. Nulla enim alia in re Homero impar Maro, quam imitatione, tale composuit poema, ut, si eo careat Augusteum aevum, et magnifica, eo praesertim tempore, Roma praecipuo quodam splendore, orbata conspiciatur. Augustus scilicet imperabat terrarum orbi; ut pie iusteque imperaret, Aeneae sui exemplo imprimis efficiebat Virgilius. Divinum igitur tranquilli beatissimique imperii honorem cum poeta Caesar habebat. Honoravit etiam tanta propter merita vatem suum Roma, subiectique dominae illi terrarum populi venerati illum sunt. Illa ipsa perennitas, qua nostri nunc homines in sese celebrandis tam large iniusteque abutuntur, immortali lauro Virgilium decoravit. Nos adhuc Maro, nos tam seros posteros monet, oblectat; cum nostri plerique omnes poetae, qui se tam multa onerare invicem immortalitatis laude solent, aut mortui iam in carminibus sunt, aut mox intermorientur. At hunc cum Homero suo aeternis in ulnis fovebit Poesis, dextra Graecum manu, sinistra Romanum amplexa. Hi manebunt interitus omnis securi; hi a poetis, qui magni aliquid audebunt, suspicientur, hi, consecratis sibi his aemulationis meae lacrimis, quoniam vinci superarique non possunt, assidue decorabuntur. At umbrae amabiles defletaeque, una tantum res est, quae perfectioni vestrae deerat, propter quam sortem vestram doleo, una. Gentili religione eratis obcoecati: cum sacris nostris, adorandis illis mysteriis, essetis longe dignissimi. Haec canere, haec celebrare ingenti vestro ingenio talibusque carminibus debebatis, quae non hanc solum terrae nostrae aetatem ferrent, sed cum aeterno etiam coelestium incolarum applausu acciperentur.

Vos etiam otiose multa intercedere saecula prius vidistis, quam aliquis vestro nomine non indignus surgebat, quam Chri-

---

*) Essay on Criticism v. 180: Nor is it Homer nods, but we that dream.

...tianum epopoeiae vates orbis terrarum videbat admirabaturque. Torquatus nempe Tassus tandem nascebatur, ut Italos inter vates principatum teneret, quem adhuc, nullo illum de hoc fastigio deturbante, habet. Amplum nactus divosque ingenium, imaginationis praecipue admirabili praeditus erat vi. Felix in eligenda operis sui materia, quippe quae et religioni suae et saeculo conveniebat. Dei illam olim sanctissimam urbem, Hierosolymam liberatam, canebat. In hanc tamen Europa omnis cum admiratione conversa erat, multorumque animis bella illa sancta tanquam recentia adhuc observabantur. Haec carminis prima felicitas vatis ipsius ad inveniendum magnificeque exornandum ingenio apto mirum in modum augebatur. Ecce igitur vobis viri mentem pictura quadam leviter descriptam! Viva erat et ignea; omnia videbat emota vehementius, ad ornatum facilis quidem, sed in eligendo decore illo parum delicata, interdum humilis et depressa, sed saepius grandis tamen et excelsa, at nunquam prorsus divina, ut admirationem in nobis saepius excitaverit, honestas vero nobilisque invidiae lacrimas nunquam expresserit. Praeter principatum igitur poeseos, quem pauci refragantibus tanto civi Itali detulerunt, singularem hunc inusitatumque adeptus est honorem, ut in Orientales quasdam translatus linguas, his populis mirifice carus et in deliciis fuerit. At hunc longe superat et inter cetera honoris genera valde eminet Romae illud in eum studium, quo coronatione illum maxime solemni insignire cupiebat. In Capitolium nempe illud, ubi in Iovis gremio propter tonitru victores Romani laurum olim deponebant, sublimis triumphali curru celebratusque a confluenti civitate ingredi laurumque, cuius ope mortalitatem vinceret, accipere debebat. Sed iam satis gloriae vixerat; moriebatur vates quum sese omnes ad hunc diem quasi ad festum pararent, ipsumque Capitolium, quod coronatum tanta celebritate in suis atriis post Franciscum Petrarcam viderat neminem, ob gaudium tam insolens gestire et superbire videretur. Nominarem et te, mollis Marine, Tassi non infelix aemulator, si Adonia digna esset epopoeiae materies. Inter huius igitur delicias ingloriisque Veneris sub nemoribus et umbris, mea inornatus oratione, subinde dormias.

Quoniam igitur cum Tasso relinquenda iam Italia est, quae quam magis veteri Ausoniae poeseos gloria cedit, eo superbius eam ipsam sibi gloriam temere arrogat principesque se vates procreasse arbitratur, (cum tamen plurimi illorum, dum arti nimis indulgent, naturae vestigia fugere videantur) reginam illam ceterarum in Europa nationum, magnam Britanniam, adesmus, quae Oceani ope animus ab aliis terris propterea videtur, quod illas excellentia ac magnitudine sua tam egregie antecellit. Illa enim uti in omni doctrinae genere magnarum mentium fertilis est, ita praesertim, quid in fingendis poetarum animis natura ibi effecerit, est satis apud se tot divinis vatibus experta. Quare cum praecipuum quendam ex tantae nationis viris non sine veneratione nominandi hic mihi locus concedatur; insigni animus laetitia perfunditur, illa, Auditores, laetitia, quae ex contemplatione sensuque perfectionis oriri solet. In admirandum vos religionis campum prius, Auditores, inducam necesse est, quam vatem hunc omni sua radiantem luce coram vobis sistere possum. Religionem enim, quo quis caelestiorem habet animum, eo sanctiore cum gaudio ac horrore contemplatur. Quare omnibus, qui ita divinae religionis sacra colunt suspiciuntque, venerabile poetae nomen esse debet, qui principem quandam eius doctrinam illustrem hominibusque amabilem carminibus reddit. Talis vates illud attigit magnitudinis culmen, quo celsius nullum uspiam in poesi reperitur. Quam enim mirifice rationem Dei vincit revelatio, tam insigniter poëta, qui, supra communem hominum sortem grandis, caelestem sapientiam pietatemque canit, de humana sapientia virtuteque exponentem superat. Et haec erat quasi quaedam praefatio, quae vos ad illam, quae in Ioanne Miltono eminet, excellentiam praeparare quodammodo poterat.

Is nempe, quam sanctissimae religionis partem nova poeseos luce convestierit, dum Paridisum Amissum nomino, omnes intelligunt. Poteratne felicius quiequam exquisitiusve sumi, quam illa Miltoni materia? Eratne aliquid, quod hominem afficeret magis atque in pristinum perfectionis suae statum cum divina quadam voluptate quasi reduceret, quam illud amabile primorum hominum par, ad Dei imaginem pulcerrime factum, maiestate terraeque dominio insigne, parentes illi nostri tenerrime venerandi vitaeque huius, quam ita feliciter, si modo placet, vivere possumus, auctores datoresque. O felicem poetam vereque generi humano amabilem! Illius nempe gloria, quamdiu homines erunt, cum saeculorum fluxu, perennium instar amnium, amplior augustiorque reddetur. Tantum enim rerum canendarum theatrum ingredi ante eum ausus nemo fuerat. Ecce vobis Deus, coelum, infernus, Chaos, progressa ex illo tot mundorum series, incolae tantae molis, quieta angelorum concilia, homines felices et infelices, sed post calamitatem maioris capaces beatitudinis, haec omnia, id est ingentia quaevis et excelsa, Miltum sese canenda eamm sistebant. Sic certe sibi vatem

hunc complectebatur animo Iosephus Addisonus, quam, iusta
commotus ira, eius diceret obtrectatoribus, si Paradisum Miltoni epicum esse carmen negarent, sua pace vel divinam appel-
larent. Qua de re optaremus vehementius, ut quodammodo
tantum nobis illud, quod in describendo Britanniae suae decore
hoc Addisonus adhibuit, acumen et dicendi contingat vis, ut
caelestissimi hominis imaginem levi tantum pictura adumbrare
vobis, Auditores, valeamus. Habuit certe illius cogitatio semper tam aliquid apud nos amabile et efficax, ut diligere illum
ac venerari, pulchritudinis tantae quasi coacti vi, debuerimus.
Qualem igitur vatem, qui ad Dei hominisque honorem tam
multa contulit, animo nostro impresserimus, et quam iusto illum propterea amore pietateque persequamur, dicemus. Cum
Homero de excellentiae principatu non sine aemulo animi ardore
generosaque superbia Miltonus contendit; sanctorum vero scri-
ptorum eminentia summo in loco vestigia procul et venerabun-
dus sequitur. Quotiescunque his aliquantum modo appropinquat, toties ceteros sese poetas vicisse sublimitate existimat.
Hic enim non modo naturalis illa pulcritudo, quae in praestan-
tissimis profanis operibus summa est perfectio, reperitur, sed
altius hi scriptores adsurgunt veroque nomine enthei divina
simplicitate maiestatem nulli penitus imitandam ostendunt. Tali
igitur ratione praeparato Miltoni animo, naturae scilicet imita-
tori, divinae adoratori pulchritudinis, quae inaccessa magnitudo
aut invia esse poterat? Invenit feliciter, novamque rerum ex-
cogitatarum seriem dum coram transire iubet, ita lustrat, ut
nihil nisi pulcrum, sublime et admirandum eligat; quae vero
placuerint, ita describit, ut oculis adspexisse, quamvis caecus
fuerit, omnia illa videatur. Fidelis ubique accuratusque naturae
pictor est. Adspiciatis illum in Paradiso beatos inter eius incolas, et illam fere narrationis facilitatem teneritatemque, quam
in Salomonis Idyllio sacro adeo admiramini, reperietis. Sublimem in caeleste angelorum concilium euntem sequimini, tunc
certe eam ubique dignitatem divinamque carminis fulgorem non
sine admiratione invenietis, quem imitabilem nulli fere existimo.
Adeo enim hic grandis et caelestis est, ut quemdam e sancto
hoc concilio amicum nactus fuisse atque ex eo multas de caelo
narrationes audivisse videatur. Amplius, at procul tremebundi-
que ad solium usque Numinis vatem comitamini. Sed hic pro-
stratus ingentique perculsus maiestate iacet, adorat, summa illi
hic eloquentia, silentium est. Raro loquentem Deum inducit,
si inducit, subtimidus semper sanctaque illa destitutus audacia
est. Et haec est ultima simulque summa Miltonianae imaginis

para. Denique enim et humilis coram Deo mens si praecipua
Christiani hominis magnitudo est, maius profecto hac ipsa re,
quod vatem vere Christianum perficeret, inveniri haud potuit.
Tu vero ipsa lustrata Miltoni umbra, quocunque nunc caeli in
orbe laetaria, illudque, quod dignum in carminibus tuis angelorum auribus est, spiritibus his, nunc amicioribus tibi, recinis,
percipe, si quid, quod te deceat, dixerimus, neque nostrae huic
irascere audaciae, quae te non sequi solum, sed maiorem etiam
materie tua excellentioremque adgredi molitur.

Iam vero ex hoc Britannorum fastigio descendere et ad
Gallos, ingenii plerumque facilitate et argutia conspicuos, eleva-
tione raro, devenire liceat. Multi nobili impetu ad epopoeiam
perficiendam ferebantur, paucorum audaciam fortuna iuvit. Pu-
ellam Aurelianensem meditabatur Capellanus, multaque illam
Galliae suae gloriam pecunia emere volebat rex; sed, si arguto
cuidam vatis irrisori credendum est, anus prodiit. Quamvis autem ex hoc etiam levitas Gallorum cognosci possit, quod illo
solo lusu adducti plerique Capellano insultaverint; negari tamen
nullo modo potest, propter inconcinnam fictionis mediocritatem
singularemque versuum asperitatem inter eos referendum esse
hunc Parisiensis aulae laudatique tam superbe Ludoviciani sae-
culi vatem, qui male et infeliciter epopoeiae animum appulerunt.
In audendis magnis rebus, sed non in perficiendis felices esse
Gallos, suo etiam exemplo Perronus, purpuratus vir, testatur;
suam enim Mosaida fervido primum animo aggressus est, sed
longa operis amplitudine deterritus mox reliquit. Scudery praeterea etiam Alaricum, sive Romam victam, Bussierus Scander-
begum, S. Aymantus Moysem servatum, Sorbierus denique re-
stauratum a Carolo Magno imperium Romanum epicis carminibus cecinerunt. Sed cum Aristotelis legibus, quas natura Ho-
meroque suffragantibus epopoeiae ille praescripsit, convenire
haec carmina nemo facile philosophiae poeseos criticae gnarus
existimaverit.

Hi igitur omnes ab eminenti ista sede, quam poetae epici
occupant, deturbentur, inferiusque, ne istam summam gloriam
profanam reddant, collocentur. At vero dedecus hoc, quod fru-
strato tam saepe huc ascendendi labore, consecuti Galli sunt,
subito Telemachi sui splendore felicissime Fenelonus dele-
vit. Dubito sane illumne ad dextram Homeri sui, an ad sinistram manum assurgere iubeam. Virgilius quidem summo amicitiae iure dextram diu securusque tenuit. Sed ecce Fenelonus
venit, Virgiliumque simplici carminis ornatu aequat, vereque

magna Mentoris sui virtute prorsus superat. Succurrite quaeso
igitur, qui tantas lites componere valetis, vatemque in eo, quem
meruit, loco collocate. Dubitatione vos etiam ipsi? Quis cer-
tamen igitur tam amicum ex machina Deus finiet? Sed ecce
non his opus est, summa illa Fenelonii modestia Virgilio lubens
et venerabunda cedit. Sinistram Homeri amplexatur ibique
Odysseam, quam praecipue adamaverat secutusque fuerat, cum
manu ipsa gratus exosculatur. In hunc itaque locum, Galli,
suspicite, vatemque vestrum oculis paene ereptum et choro poetarum vestro fere dissimilem admiramini. Sublimitati huic ad-
suescite, cuius fulgorem, consentiente ea in re sincerissimo
quoque apud vos iudice, raro ferre valetis. Videtur enim hic,
quid efficere possit, apud vos, si severa esse voluerit, natura
experta. Ornavit autem ille non modo ingenio, sed dignitate
etiam poesin, quippe qui haud indignum episcopo poetae nomen
censuit. Sed cuiusnam poetae? Talis profecto, a quo universa
Europa cum delectatione ad virtutem erudiretur. Et utinam
magnanimus ille princeps, quem terrae destinatum saluti poe-
mate suo inprimis Fenelonus perficiebat, non tam cito in vivis
esse desierit! Tunc certe et regem Gallia et amicum Europa
vero nomine a poeta amabilem accepisset. Iam vero ex hoc
Fenelonii fastigio Voltairium adductoris declinandum nobis
est, iterumque in loco inferius sito consistendum. Nemo enim
facile cordatus rei iudex episcopo Cambracensi maiorem prae
Voltairio, quicquid ipse, nimius sui aestimator, contra eius poema proferat,*) praestantiam denegabit. Quamvis igitur post
Fenelonum unus, quem Galli ostendere queant, poëta epicus
sit et plerisque huius carminis legibus obedierit, illas tamen
ipsas, quas summas censemus, quae excellentiam quandam et
sublimitatem, omni inimicam mediocritati, exigunt, magnopere
neglexisse visus est. Simplicitatem naturae, nativa quadam ele-
gantia, Voltairius plerumque exprimit; raro eius illustris magnificentia adsurgit. Quae placeant lectori semper fere adsunt,

---

*) Invidia enim nescio qua adductus Telemachum lubentius inter fabulas
Romanenses, quam inter epica carmina, referret, ut scilicet unicus ipse
Gallorum poeta epicus celebretur. Vid. illius carmina: Temple du
Goût et Essai sur le Poëme épique. In suo libro: Mondain,
haec inveniuntur:

— — — Monsieur du Télémaque,
J'admire fort votre stile flatteur,
Et votre Prose, encor qu'un peu trainante:
Mais, mon Ami, je consens de grand coeur,
D'être fessé dans vos murs de Salente,
Si je vais là pour chercher mon bonheur.

quae .... adiretur attonitos, ubi domum illa occurrunt? ut,
quo veri simillimus est, si laudes excipias, in quibus cumulandis effer... ad singulare poetarum opprobrium, quibus
nihil minus quam adulatoribus esse licet, amplum ea satis ac
magnificum ostendit. Et sane, lector, qui germanam, id est
ignotam expletamque intus animum alit, pervoluto toto opere,
pulcra omnia et dulcia esse, sed languida et dormitantia dixerit. Ut complectar paucis omnia, Rapini, hominis Galli, iudicisque maxime sinceri, hic repetam, quod de universa hac prolatum natione tam prorsus ad Voltairium pertinet, ut populum
suum descripturus, fato nescio quo, hunc mente praevidisse
videatur. Ille autem, si vel ad invidiam usque, inquit, spiritu
nostro delicatoque nationis genio superbiamus; non tamen excitata satis et erecta ad cogitationes magnas proferendas mens
nostra est. In minutis rebus dici haud potest, quam mirifice
seduli simus, quum vero ad sublimiora est accedendum, languemus. Vix umbra in operibus nostris divinae illius poeseos apparet, cuius perfectissimum exemplar Homerus Virgiliusque reliquerunt. Forte ad altiora pro nationis suae ingenio feruntur
Britanni duo, Richard Blackmorus et Gloverus, qui novissime
in Anglia de principe Arthuro hic, et de Leonida ille, epicum
poema confecerunt. Sed fortassis non omnis Anglicanae mentis
illis vis inest, quoniam obscurior tantum ad nos de iis fama
perfertur, nullaque, quod sciam, ceterarum gentium lingua convestiti hactenus comparuerunt. Ne igitur indignabundi nos audiatis, si pauca tantum, quae de his viris dicenda habuimus,
proferimus. Swiftius scilicet, extraordinarium illud ipsos inter
Satyricos ingenium, mirum in modum Blackmori nunc *) tumorem affectatamque magnificentiam ridet; languorem nunc **) genusque dicendi non satis vividum taxat. Popius autem, ille
meus Popius, iudex longe aequissimus et amabilis, in carmine
de Ignorantia ***), ad huius regnum pertinere Blackmorum eorum universo Britannorum populo dicere haud dubitavit. Non
haec profecto felix illud ingenium beatamque animi et doctrinae
magnitudinem, quae ad faciendum hoc princeps poeseos opus
pertinet, describere videntur. Melius de Gloveri Leonida existimari propterea licet, quod, quas ille divulgavit de communi
honoris cupiditate Satyrae tam plenae sapientiae et virtutis
sint, tam insperata cogitationum novitate atque acumine lectori

---

*) Anti - Longin, ubi passim loca eius tumida adducuntur.
**) In librorum conflictu p. XLVI. versionis Germanicae.
***) The Dunciad.

placeat, tanto denique ordine et sapore tam delicato ornatae conspicuantur, ut, si nos tanquam excelsum prorsus poetam Gloverum mireris, ut pulcrum tamen vividumque tibi ipsi tuaeque oblectationi commendes. Excitatus etiam, tanto accolarum suorum exemplo, nobilis nuper Belga epopoeiae manum admovere tentavit. Guilielmus nempe van Haaren, Frisonem, qui Alexandri Magni temporibus vixisse et regius ex orientali India princeps oriundus, in Belgium post multas terrae marisque calamitates appulisse ibique regionem ex suo nomine Frislandiam appellasse dicitur, canendum sibi sumsit, narrationemque de eo tam vivam concinnamque contexuit, ut ad Telemachi elegantem facilitatem augustamque virtutem accedere proxime videatur.

Ita vero et Belgium poetae epici gloria illustre nunc conspicitur. Semper igitur hic honor ad nostros fines, o Germani, magis magisque appropinquat, nunquam ingreditur. Septentrionales, reor, frigidioresque terras occupabit prius, quam nostras adspiciet. Unaquaeque Europae gens poeta epici carminis auctore gloriabitur, nos, tardi et expudorati quasi, quod ad sensum huius honoris attinet, eo vel tunc carebimus. Subit indignatio animum, cum tantum gentis nostrae hac in re torporem, iustissima exardescens ira, intueri cogor. Humilibus occupati nugis ingenii gloriam quaerimus, carminibus, quae nullam aliam ob causam nasci videntur, quam ut moriantur et absint, sanctam illam immortalitatem, heu! indigni prorsus Germanorum nomine, adipisci audemus. Non ita tardi proavi nostri armis olim fulgurabant. Nec hoc ipso tempore philosophiam et omnem doctrinam tam lassi et inglorii nostrates tractant. Adsurg'mus, colimur, vel a superbis exteris suspicimur. Cur vero hoc infelix poeseos, divinae huius artis, fatum est, ut illa fere sola a profanis contrectetur manibus, humique detineatur? Nolite mihi obiicere, esse tamen apud nos poetas, qui super mediocritatem elevati suo se credant caelo; nolite, inquam, haec obiicere; de epopoeia, summo illo poeseos opere, loquor. Hanc nemo apud nos poeta hactenus confecit.

Tentavimus. Sed quod huius operae pretium? quis exitus fuit? Carmen habemus de Maximiliano Caesare, sed inconditum plerumque, sed simplici ruditate, non maiestate conspicuum. Ingentia Wittekindi, venerandi illius nominis, facta hiulco carmine nec ad sancitas a natura semel leges composito, Italorumque tumore, non magnificentia repleto, Postellus dedecoravit. Et congratulandum profecto Germaniae nostrae est, quod illa

de Alexandro Magno epopoeia, cuius infelix nuper specimen
vidimus, lucem adhuc formidet. Ea enim si prodierit, Galli
certe aliquo temporibus saporique nostro illudere pergerent.
Praeteritam enim ut obliviscamur, praesentem audaciam Gallorum recolere licebit. Ubi est nempe auriam vestrarum super-
bum iudicium, Germani? Auditisne adhuc superbi quidem, sed
vera forsan et iusta hac in re dicentis Galli vocem*): Nominate
mihi in Parnasso vestro creatorem! id est poetam Germanum,
qui ex sese honoratum et immortale opus protulerit. Auditis,
reor, itaque in mente reponitis insultantem gloriae Germanorum, nec id iniuria prorsus, hominem, quotquot nobile patrii
nominis studium adhuc incitat. Sed quid efficiemus? si contra
hunc adversarium, uti cum aliis a nobis iam actum est, multis
verborum ambagibus ostendamus, nec ingenio, nec sublimi spiritu destitutos esse Germanos? Re ipsa, magno quodam nec
intermorituro opere, quid valeamus, ostendendum est! O quam
vellem, ut haec in consessu coronaque poetarum
Germaniae principum dicere mihi contingeret!
Gaudio certe tunc ego maximo adficerer penitusque perfunderer,
si dignissimos hoc opere ob neglectam tam diu a sese patriae
gloriam rubore quodam laudabili ac pio suffundere valerem.
Quodsi vero inter viventes nunc poetas is adhuc non reperiatur,
qui Germaniam suam hac gloria ornare destinatus est, nascere,
dies magne, qui hunc tantum procreabis vatem, et, o sol, ap-
propera celerius, cui illum adspicere primo placidoque lustrare
vultu continget! Hunc virtus, hunc cum caelesti Musa sapientia teneris in ulnis nutriant. Ante oculos eius sese aperiat
totus naturae campus et inaccessa aliis adorandae religionis amplitudo, nec futurorum saeculorum ordo seclusus penitus obscu-
rusque illi maneat. Fingatur his ab doctricibus suis, humano
genere, immortalitate, Deoque ipso, quem imprimis celebrabit,
dignus.

---

*) Lettres Françoises & Germaniques. p. CDLXI.

Gratiarum Actio.

Deo Optimo Maximo,
Regi Augustissimo,
Praeceptoribus Optimis,
Dominis

M. Friderico Gottlif Freytagio, Rectori.

M. Ioanni Ioachimo Gottlob am Ende, Past. et Inspect.

M. Danieli Peucero, Conr.

Salomoni Hentschelio, Coll. III.

Gottlob Geislero, Cant. et Colleg.

M. Christophoro Haymanno, Diac. et Colleg. Extraord.

Ioanni Georg. Gotthelf Hübschio, Mathemat. et Colleg.

consecrata.

_____

Pietas et officium, quo sanctus nullum maiorisque capax voluptatis mortalis homo nactus est, Tibi nempe, o aeternum Numen, gratum ostendendi animum, omnem me nunc incitat inflammatque. Sed primus me hoc ipso temporis momento maiestatis Tuae adspectus turbat, pioque horrore concutit volentemque multa loqui de Te, Tuaque, o Deus, quodammodo digna sublimitate, infantem reddit. Tueor procul, defixus, mirabundus, immobilisque adsto. Sed quid adsto? tam humilis ego, tam parva rerum Tuarum, o Creator, pars? Procumbam! adorabo! Hae lacrimae, balbutiens haec et ab ingenti attonitae mentis laetitia interclusa vox, haec meam Tibi, o Numen, pietatem, seu potius pietatis desiderium attestentur. Verum enim vero viae Tuae, qua hominem ducis, vestigia, a nemine prorsus detegi observarique possunt.

Summam praeter misericordiam et amorem nihil fere homo in hoc labyrintho, sapientissimo constante ordine, invenit.

O quae tam misericors cogitantem me admiratio tenet! A tempore scilicet condito multa praeterlapsa prius saecula fuerant, quam haec animam aut crearet, aut factam antea in lucem hanc emanansque rerum produceret Deus. Explicabat sese paullatim immortalis mea, et eo felicior tranquilliorque sibi videbatur, quo magis ignara rerum externarum erat. Colebatur in dies, et scire aliquid seu dubitare potius de rebus, quum esset omnis, quam alienam sibi videbat, veritatis inimica, incipiebat. Se ipsam denique imprimis cogitabat. Sed quam inextricabilia fere meditanti illi se errorque ostendebat! Heu! meditari se, ut erret, non sine indignatione animadvertebat. At, quae omnium illi maxima contigit felicitas, quum pauca scire, et Te, o sanctissimum Numen, adorare, eam demum summam hominis esse sapientiam, meditaretur, se nullo modo errare videbat. Tui igitur contemplatione imprimis occupata pura sinceraque laetitia perfundebatur, dignitatisque suae et immortalitatis memor, divina illustris luce gestiebat. Et haec sunt fere praecipua, quae mihi, o benignissimum Numen, munera tribuisti! Haec coram Te gratus cognosco levique tantum adumbrata descriptione Tibi accepta unice refero. O quam laetus ego mirabundusque munificentiam Tuam intueor, qua factum est, ut spiritum a Te ornatum intus alam, sanumque praeterea nactus corpus mundum Tuum pulcerrimum, seu potius particulas quasdam illius finitasque valde series contemplari studiose possim. Fac interea modo, o optimum Numen, ut his muneribus, a Te mihi concessis, ita utar, ut acquirendae pietati virtutique, sanctissimis illis nominis Tui imitatricibus, lubenti severoque animo inserviam. Adde praeterea etiam beneficiis, quibus corpus donasti, perennitatem; iis vero, quae nacta est haec immortalis anima mea, aeternitatem.

A Te igitur, Deus, ad *Fridericum Augustum*, quem Saxoniae regem dedisti, ut Numinis Tui imitator benignitate et amore subiectos sibi populos ornet, descendo. Et quis mihi hic iterum caelestis copiae campus sese aperit! quae amplitudo divitiaeque! Scilicet haec omnia, electi a sese regis interventu, Saxoniae suae larga manu distribuit Deus. O quam vere Augustus, Rex optime, felicitate Tua es tam amplam eximiamque hominis beneficiis locupletationem nactus. Tu recreas, tu oblectas Saxoniam! Tu, non ultimum Saxoniae decus, Scholam provincialem Portensem, a maioribus Tuis et constitutam et etiam benignissime nutris. In hanc ego etiam, quamvis Tuae dicioni non subiectus fuerim, missus, ea a Te beneficia accepi, quae tam demum quodam modo tantum honorantur, ubi ab aequitate venerabundoque animo, uti sanctissima quaeque, aomi muti fuerint. Mos igitur ut ad laudem Tuam augustissimam haec grati hominis pervagat vox, meaque pro Te missa ad Deum vota, quae ... comitatu, accipa ... in ... deprecari, appropinquantia belli mala, ... Friderici nostrum Augustum ... auspiciis. Ne igitur frustremur hac spe nostra, ... potentia in Augusti ... manibus ... servitos ante ... hostes divinitus armatus profligare possit. Serenis sub eo beata felicitatis altrice, tranquilla pace, perfruatur, et cum Augustissimi Regis salute felicitas in dies civium excrescit externi admiranda, perennis ... maneat.

Inter ea vero beneficia, quae Clementissimi Regis iussu hic in me collata sunt, Vos, Patres Amplissimi, obtinetis locum, qui animum fingi cereum optimis praeceptis efformastis. Quamvis enim et quaedam sint, quae sciendi cupiditati meae exquisitorumque librorum lectioni debeam, plura tamen et praecipua curae vestrae praelectionibusque vestris doctissimis accepta lubens gratusque refero. Solebam enim ea semper, quae vos dicebatis, diligenti studio cogitare meditarique. Sed non ore solum artes liberaliores, sed vita etiam vestra virtutem docebatis. Ad quam quidem docendi rationem, quum mirifice attentus semper fuerim, in sensu virtutis diiudicandaque eius pulcritudine me non infitior mediocriter esse versatum. Quae quidem res dici non potest, quam valde meam erga vos venerationem auxerit. Ubi enim examinata paullo severius virtus primoque in ortu adspecta fuerit, maximum sui splendorem infucatamque nullo modo pulcritudinem ostendit. Cum igitur maximum hominis erga alium meritum esse existimem, si quis alterum exemplo suo virtuteque erudiat et meliorem reddat, principes sane vobis gratias propterea ago, quod me tam pulcre docere vos ipsos, id est virtutem, volueritis. Nullo unquam tempore hoc summum beneficii genus obliviscar, gratissima potius immortalique memoria recolam, quod mihi tam esse felici licuerit, ut vestrum intuens exemplar sapere ausus fuerim.

Et vos, Commilitones Dilectissimi, qui mecum hac eadem felicitate fruiti falstis, gratiarum quandam actionem iure vestro a me exigitis. Multa scilicet eademque praeclara sunt, quae vestra mixtus consuetudine didici. Ipse enim in vos vitamque vestram, tanquam in amplissimum quendam librum, attentus inspexi, obscurissimis illius paginis saepius inhaesi, atque ita diligenter omnia et indefesse repetii, ut memoria pleraque adhuc teneam. Si curiosius ea, quae legi, legerim, ne velim nimis accuratam mihi industriam obiiciatis. Honor quidam hac ex re, si modo honorare vos ego possum, ad vos redundat. Fui enim semper in legendis libris valde delicatus longeque optimos oportebat esse libros, quos perlegere totos, imo repetere, mihi ipsi concedebam. Qua ex re ipsi conficietis, quam magno in pretio hic, quem modo dixi, liber apud me fuerit. Quare quae praecipue in illo continentur, benigne lubenterque audiatis. At vero quid tam longe lateque similitudine hac circumvagor? Vos ipsos intueor, vos alloquor, vos nomine vestro, Commilitones, compello. Sed sine adulatione, qua nihil indignius quicquam amicitia est, quibus in rebus obstrictus vobis sim, declaro. Amavi quosdam e vobis, quoniam vivida illos mens et delicatior et cor virtutis pulcritudine tenerrime affectum et flexibile amabiles mihi reddebat. Sunt alii, quos magni propterea feci, quod, quamvis supra mediocritatem vix surrexerint, rei tamen aliquando publicae sibique summo studio ac diligentia inservire cupiebant. Neminem praeterea, sed vitia quorundam odio prosecutus ingenii, qua laborabant, imbecillitatem ferre haud gravatus sum. Cum igitur antea nominatis praecipuas gratias habendas esse existimem, hos tamen quadam gratiarum actione non indignos sum arbitratus. Vitii enim illi deformitatem eo clarius mihi videndam dederunt. Sitis, precor, Commilitones Optimi, qualicumque hac grati animi mei declaratione contenti credatisque, multos vos intra concionem vestram praestantiores ingenio atque eruditione et vidisse et visuros esse, accuratiorem autem morum vestrorum contemplatorem sodalitiique vestri exoptatissimi amantiorem neminem.

Tu tandem, Porta, huius amicitiae et nutrix et testis oculata, felix sis teneroque hos alumnos Tuos sinu foveas. Tui saepe nominis recordabor pius, Teque, tamquam illius operis matrem, quod Tuo in amplexu meditando incipere ausus sum, recolam, venerabor.

* * *

* *

*

CPSIA information can be obtained
at www.ICGtesting.com
Printed in the USA
LVXC01n1508271017
554033LV00014B/130